A a

A A A A A

A A A A A

A A A A A

a a a a a a

a a a a a a

a a a a a a

A a

A A A A A

A A A A A

A A A A A

a a a a a a

a a a a a a

a a a a a a

A a

A A A A A

A A A A A

A A A A A

a a a a a a

a a a a a a

a a a a a a

A a

B b

B b

B B B B B
B B B B B
B B B B B
b b b b b b
b b b b b b
b b b b b b

B b

B B B B B

B B B B B

B B B B B

b b b b b b

b b b b b b

b b b b b b

B b

C c

C c

C c

C c

D d

D d

D d

D d

E e

E e

E e

E e

F f

F f

F f

F f

G g

G g

G g

G G G G G
G G G G G
G G G G G

g g g g g g
g g g g g g
g g g g g g

G g

H h

H h

H h

H h

I i

I i

I i

I i

J j

J j

J j

J j

K k

K k

K k

K k

L l

L l

L l

L l

M m

M m

M m

M M M M M

M M M M M

M M M M M

m m m m m

m m m m m

m m m m m

M m

N n

N n

N n

N n

O o

O o

O o

O o

P p

P p

P p

P p

Q q

Q Q Q Q Q

Q Q Q Q Q

Q Q Q Q Q

q q q q q q

q q q q q q

q q q q q q

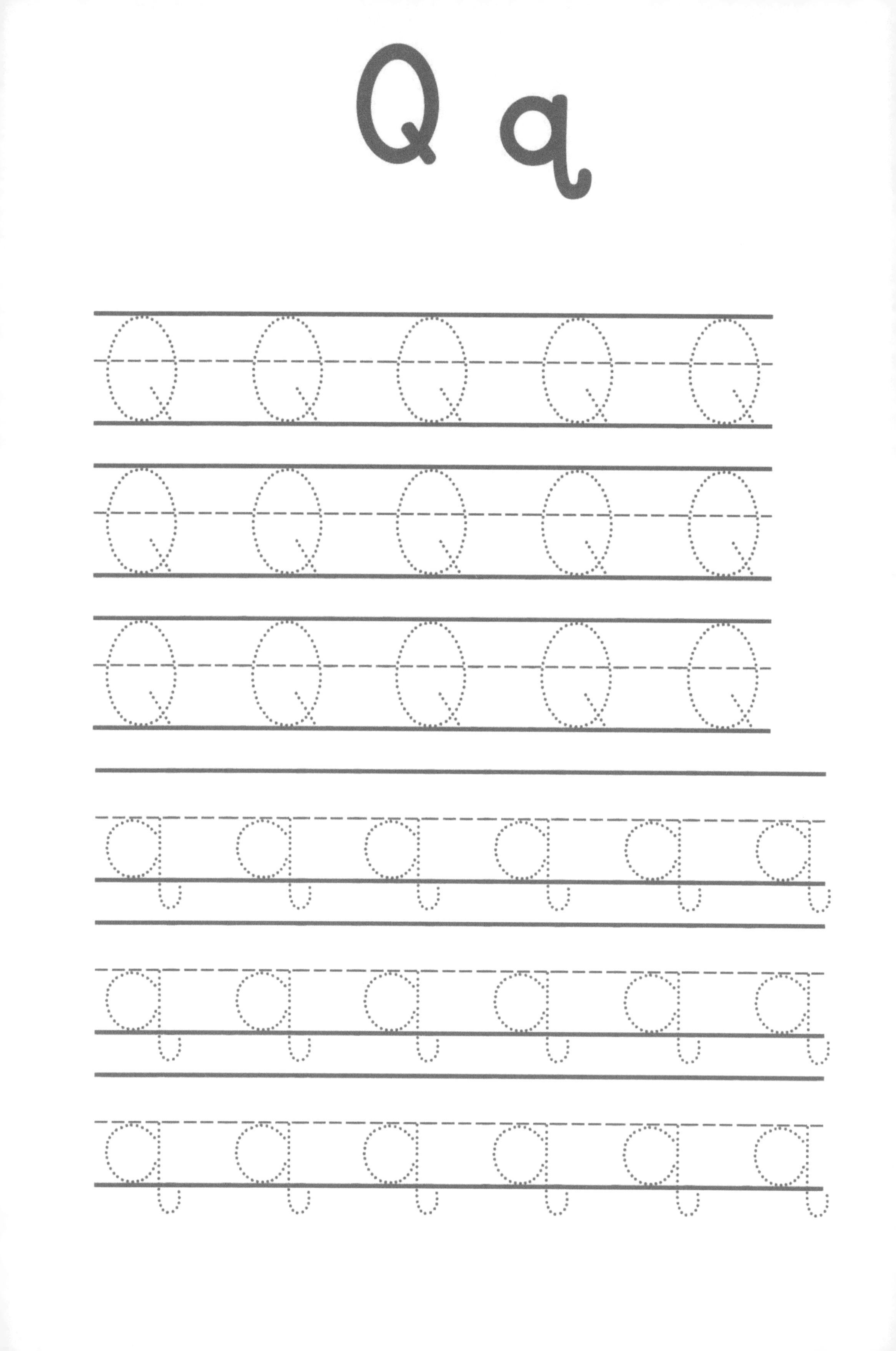

Q q

Q q

Q Q Q Q Q

Q Q Q Q Q

Q Q Q Q Q

q q q q q q

q q q q q q

q q q q q q

Q q

R r

R r

R r

R r

S s

S s

S s

S s

S S S S S

S S S S S

S S S S S

s s s s s s

s s s s s s

s s s s s s

T t

T t

T t

T t

U u

U u

U u

U u

V v

V v

V v

V v

W w

W W W W
W W W W
W W W W

w w w w w
w w w w w
w w w w w

W w

W w

W W W W

W W W W

W W W W

w w w w w

w w w w w

w w w w w

W w

X x

X x

X x

X x

Y y

Y y

Y y

Y y

Z z

Z z

Z z

Z z